LE TRIOMPHE DE LA SEINE ET DU TAGE,

Sur les autres Fleuves de l'Europe,

AFFERMI PAR LA

NAISSANCE

DE MONSEIGNEUR

LE DUC DE BRETAGNE

DESSEIN DU FEU D'ARTIFICE,

QUE les Officiers de Police dependans de la Jurisdiction de Mrs les Prevost des Marchands & Eschevins de la Ville de Paris, ont fait élever sous leurs Ordres sur la Riviere de Seine, pour estre tiré le 21 Aoust 1704.

En presence de Madame LA DUCHESSE DE BOURGOGNE.

A PARIS,

Chez JEAN L'ESCLAPART, ruë du Hurpois, prés la Reine des Reines.

M. DCCIV.

AVEC PERMISSION.

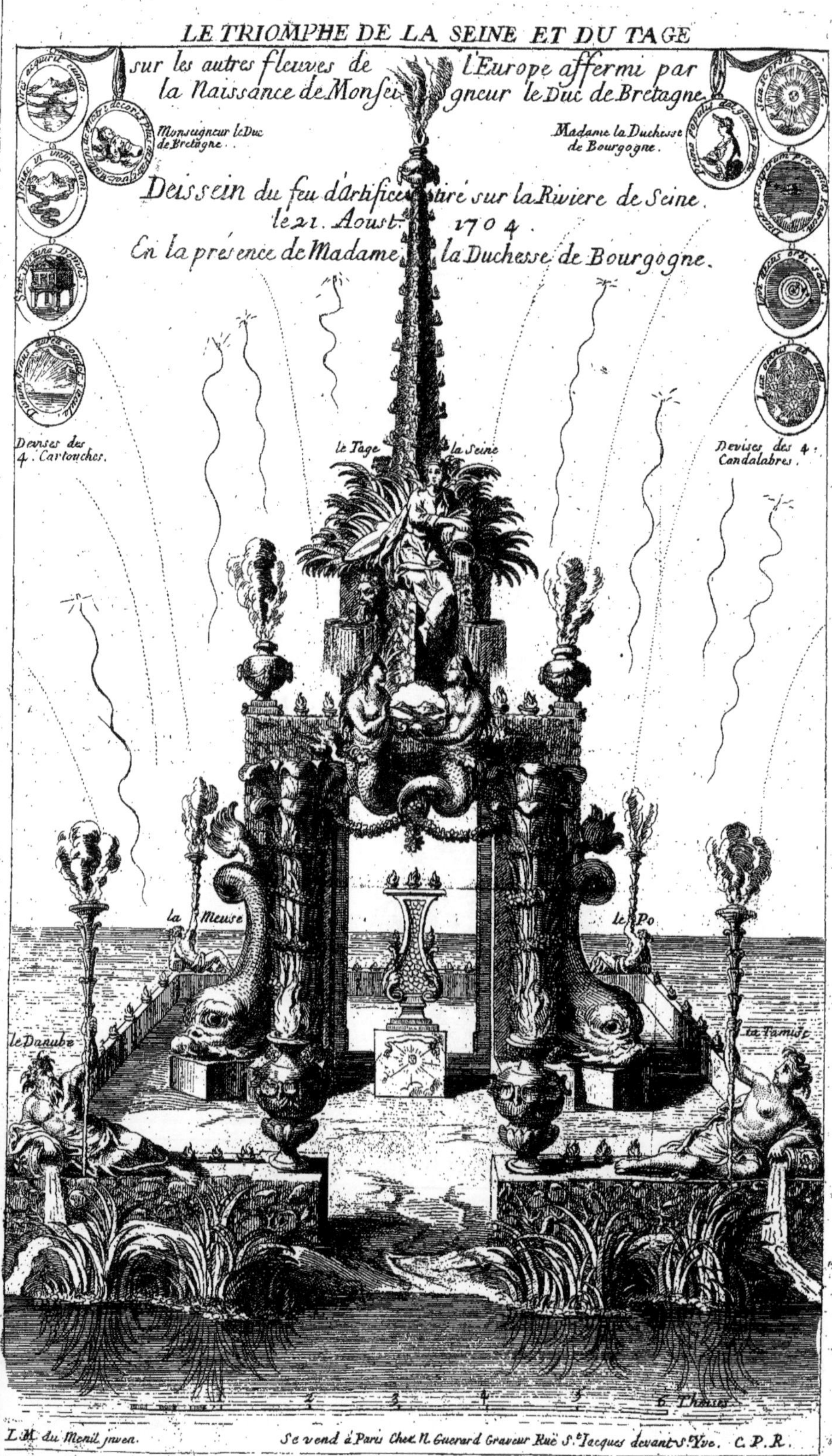
LE TRIOMPHE DE LA SEINE ET DU TAGE
sur les autres fleuves de l'Europe affermi par
la Naissance de Monseigneur le Duc de Bretagne.
Monseigneur le Duc de Bretagne.
Madame la Duchesse de Bourgogne.
Deissein du feu d'artifice tiré sur la Riviere de Seine.
le 21. Aoust. 1704.
En la présence de Madame la Duchesse de Bourgogne.
Devises des 4. Cartouches.
le Tage
la Seine
Devises des 4. Candalabres.
la Meuse
le Po
le Danube
la Tamise
1 2 3 4 5 6 Thoises
L.M. du Menil inven.
Se vend à Paris Chez N. Guerard Graveur Ruë S.t Jacques devant S.t Yve. C.P.R.

LE TRIOMPHE DE LA SEINE ET DU TAGE, Sur les autres Fleuves de l'Europe, AFFERMI PAR LA NAISSANCE DE MONSEIGNEUR LE DUC DE BRETAGNE.

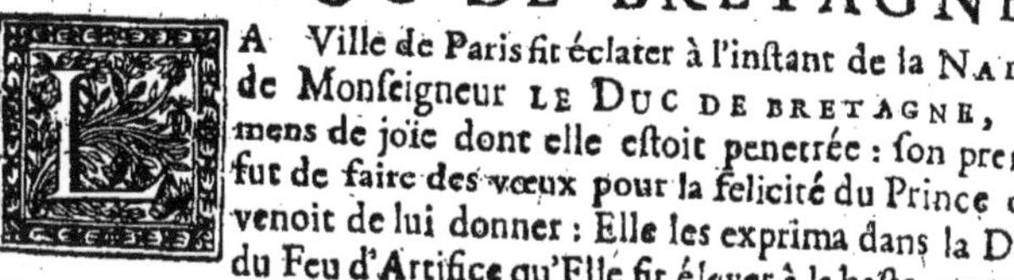

A Ville de Paris fit éclater à l'instant de la NAISSANCE de Monseigneur LE DUC DE BRETAGNE, les sentimens de joïe dont elle estoit penetrée : son premier soin fut de faire des vœux pour la felicité du Prince que Dieu venoit de lui donner : Elle les exprima dans la Décoration du Feu d'Artifice qu'Elle fit élever à la haste, par ces Vers de Martial, ausquels Elle ne changea que le premier, pour appliquer au Prince nouveau né, ceux que ce Poëte avoit fait pour l'Empereur Domitien.

NASCERE BORBONIO SPERATA E' SANGUINE PROLES
VERA DEûM SOBOLES NASCERE MAGNE PUER,
QUI PATER ÆTERNAS POST SÆCULA TRADAT HABENAS
QUIQUE REGAS ORBEM CUM SENIORE SENEX.

Digne Sang des Bourbons, nostre chere esperance,
Sous le plus grand des Rois viens affermir la France
Et marchant sur les pas de tes nobles Ayeux,
Viens apprendre à loisir à gouverner comme eux.

Tous les Ordres de la ville Royalle ont repondu à l'envi au voeu solennel du Corps. Ses Habitans ne se sont pas contentez de signaler leur zele pendant les trois jours de la feste generalle, par des illuminations extraordinaires : Mais chaque Communauté ayant demandé à Monsieur le Lieutenant General de Police la permission de celebrer chacune en particulier la NAISSANCE de ce Prince, par des actions de graces & par des rejoüissances publiques, il n'y en a point qui ne se soit distinguée ; & leur zele conduit par la sagesse du Magistrat, auquel elles sont soûmises, entretient depuis deux mois dans la Capitale du Royaume, une feste continuelle dont il n'y a point d'exemple dans l'histoire.

Il estoit juste que les Officiers de Police, qui sont particulierement attachés à la Ville eussent l'honneur de fermer une Feste qui ne finiroit point, si l'ordre public ne mettoit des bornes a l'empressement des peuples, ils en ont demandé la permission à Messieurs les Prevost des Marchands & Eschevins, qui ont crû ne pouvoir choisir de Scene plus convenable pour cette feste que le lit de la Rivierre de Seine, entre le Pont Royal & le Pont-Neuf.

L'on a choisi pour la Décoration du Feu d'Artifice un sujet allegorique, convenable au lieu où il est élevé, & à l'objet de cette feste. La NAISSANCE de Monseigneur LE DUC DE BRETAGNE, donnant à la Maison Royale une longue suite de descendans d'aîné en aîné, assûre en même-temps à l'Espagne le bonheur qu'elle a d'estre commandée par un Roy que le Ciel a fait naître pour lui rendre son ancienne splendeur, & est un nouveau gage de son union éternelle avec la France : union qui fait respecter leur empire par toutes les Nations : c'est ce que l'on a voulu exprimer par le TRIOMPHE de la SEINE & du TAGE, sur les autres Fleuves de l'Europe, qui fait le dessein de cette Décoration.

Elle represente un Arc de Triomphe à quatre façes égales, élevé sur un Roc applani. L'Architecture en est rustique, & n'a pour ornemens que des rocailles semez de corail & de coquillages précieux. De gros Faisseaux de roseaux, liez avec des banderolles de fleurs y tiennent lieu de colonnes. Des feüilles d'eau, qui en sortent leur servent de chapiteaux. Et quatre Dauphins de dix-huit pieds de haut s'appuïent contre les quatre angles de l'édifice, & y forment des especes d'Arcsboutans ou de consoles.

Au milieu de l'Entablement rustique de chaque Façade, l'on voit deux Sirenes, qui portent chacune dans une grande coquille une Devise convenable au sujet de la Décoration. Sur les quatre Angles sont quatre gros Vases qui portent chacun un Fanal d'un pied de diamettre, & tout l'Entablement est couvert d'autres fanaux qui doivent faire un couronnement de lumieres sur le principal corps de l'édifice

Sur le milieu de Platte-forme éleve un quarré de six toises de haut y compris

compris son Piedestal les Angles de cette Pyramide & de son Piedestal egardent les costez de l'Arc de TRIOMPHE, & chaque face du Piedestal est ornée d'un Masque qui jette de l'eau dans une grande Coquille d'où elle sort en forme de cascade. Sur l'Angle du Piedestal du costé du Louvre est assise une Figure de douze pieds de haut representant le SEINE, on la reconnoît à la Couronne de Lis qu'elle a sur la teste, & sur l'Angle opposé qui regarde le College des Quatre-Nations, on a placé une autre Figure de même situation & attitude qui represente le TAGE, on la distingue par les tours qui sont les Armes de Castille dont il est Couronné.

Sur chacun des deux autres Angles l'on a placé des Genies qui portent une grande coquille qui sert de Cartouche à deux Portraits. Le premier, est celui de Madame la Duchesse de Bourgogne, autour duquel on a peint ces paroles :

PRIMO POPULIS DAT GAUDIA PARTU.

Son premier fruit est des Peuples la joye

La Médaille de Monseigneur LE DUC DE BRETAGNE, que deux autres Genies portent dans l'Angle opposé à deux bouts de Vers de Stace, enversez pour Legende.

MULTUM DE MATRE DECORIS.
PLUS DE PATRE FERAT.

Qu'il reünisse en soy les beautez de sa Mere
Et les vertus de son Pere.

L'on a déja remarqué que sur le milieu de l'Entablement de chaque Façade deux Sirenes portent un Cartouche en forme de coquille, dans chacune desquelles on a peint une Devise. Celle qui est au-dessous de la Seine, qui represente la France, a pour corps un grand Fleuve, qui va toûjours croissant par les rivieres qui y affluent, avec ce bout de Vers de Virgile, pour ame.

VIRES ACQUIRIT EUNDO.

La longueur de son cours le rend toujours plus fort.

Cette Devise a une infinité d'applications naturelles au glorieux Regne de Loüis le Grand. Ce Regne l'un des plus long dont il y ait d'exemples, n'a esté qu'un enchaînement continuel de prosperités : Et tous les efforts qu'a pû faire l'Europe, plusieurs fois conjurée pour l'affoiblir, n'ont servi qu'à faire connoître à ses Ennemis qu'il estoit invincible; mais l'on ose dire que toutes ses Victoires sont un rampart moins sûr pour le bonheur de ses Peuples que la longue & florissante posterité, dont Dieu recompense ses vertus dans le plus haut point de la gloire de son Regne.

Dans la face opposée & au-dessous du TAGE, qui represente l'Espagne; l'on a mis pour Devise un grand Fleuve, d'où sort un bras qui va se joindre à un autre grand Fleuve, dont il reçoit le nom en y entrant, avec ces mots:

DONEC IN IMMENSUM.

Nostre union durera jusqu'à l'éternité.

Le Corps de cette Devise n'est point une fiction. Le Vahal est un bras du Rhin, qui s'en separe au Fort de SKENK, pour aller se joindre à la Meuse à Vorcom, où il perd le nom qu'il avoit pris en se separant du Rhin, & se confond avec la Meuse jusqu'à l'Ocean simbole de l'éternité. L'application de cette Devise est aisée : elle est le simbole de l'union éternelle des deux Branches de la Maison Royale de Bourbon, qui regneront dans les siécles avenir, sur les deux plus florissantes Monarchies de l'univers, & dont il ne sera pas moins impossible de rompre l'union; qu'il ne l'est d'empêcher que le Vahal ne soit à jamais une communication du Rhin à la Meuse.

Dans la troisiéme Façade, au-dessous du Portrait de Madame la Duchesse de Bourgogne, l'on a peint pour Devise un superbe édifice, soutenu sur quatre colonnes, avec ce demi Vers de Virgille.

STAT FORTUNA DOMUS.

Cet appuy pour toujours nous met en sûreté.

L'on entend assez ce que c'est que ce superbe édifice, & ce que ces quatre colonnes signifient. Cet édifice est la France; & ces quatre colonnes angulaires representent Loüis le Grand & la longue suite de Successeurs qui se suivent d'aîné en aîné.

Comme la quatriéme de ces colonnes est un present que Madame la Duchesse de Bourgogne vient de faire à la France, l'on a placé au-dessous son Portrait cette Devise, qui exprime les applaudissemens de la France sur ce nouvel appui qu'elle vient de lui donner.

Enfin, au-dessous du Portrait de Monseigneur LE DUC DE BRETAGNE l'on a peint une Devise à sa gloire, qui represente un Soleil naissant, avec ces paroles de Virgile :

DIVUM GENUS AUREA CONDET SÆCULA.

Du pur sang des Heros nous devons tout attendre.

Au milieu des quatre Portiques sont quatre escabelons qui porten fanaux : & sur les Piedestaux l'on a peint quatre autres Devises, dor premiere represente le Soleil environné du Metheore, que l'on app la Couronne, qui n'est autre chose qu'un cercle lumineux, produit pa reflexion des rayons du Soleil des differentes parties d'un nuage tran rent. Les paroles qui font l'ame de cette Devise sont celles-cy :

SUA SE PROLE CORONAT.

Il voit sortir de lui la plus noble Couronne.

Le sens de cette Devise est trop naturel pour avoir besoin d'explication. Un Grand Roy qui voit sa gloire & ses vertus se perpetuer en la Personne des Princes que le Ciel a fait naître de lui pour lui succeder pendant plusieurs Regnes, les regarde comme le plus grand ornement de sa vie, & comme la plus précieuse & la plus brillante de toutes les Couronnes.

Sur le Piedestail de l'Escabelon suivant, l'on a dépeint la Planete de Saturne, avec son Anneau, & ses trois Satellites. L'ame de cette Devise est conçüe en ces termes :

DECET HÆC SUPERUM PROGENIES PATREM.

Digne posterité du plus puissant des Rois.

Saturne est une Planete autour de laquelle on a observé une espece de Diademe ou de Couronne lumineuse, que l'on appelle son anneau : & outre cela trois moindres Planetes qui ne le quittent point, & qui font leurs revolutions autour de luy. Mr Cassini, qui les a découvertes, les a appellées, *Ludoviceæ sidera*. Les Astres de Loüis le Grand, l'on peut dire allegoriquement que cet Anneau & ces trois Astres composent la famille de Saturne, puisqu'ils sont dans sa Spere. Ainsi l'on a pû tres-naturellement comparer le Roy à Saturne, qui est le pere des Dieux. Le Roy d'Espagne, au Diadesme qui l'environne, & les trois Princes aisnez de la Maison Royale aux trois Astres qui accompagnent Saturne, & que l'on connoi dans l'Astronomie sous le nom d'Astres de Loüis le Grand.

Sur le Piedestail du 3e Escabelon l'on a peint pour corps de la Devise l Planette de Jupiter avec ses quatre Satellites, & l'on en a exprimé le se par ces paroles :

JOUI DECUS. ORBI SALUS.

Nous brillons pour l'honneur du Maistre du Tonnerre.
Et pour le salut de la Terre.

ʟes Satellites de Jupiter sont quatre étoiles qui sont dans sa Sphere, & qui suivent ses mouvemens. En observant les differentes Periodes de leurs revolutions, l'on a trouvé le moyen de déterminer les longitudes, de rectifier une infinité de fautes qu'il y avoit dans la Géographie, & d'éviter les naufrages que ces erreurs causoient à chaque moment. C'est cette utilité considerable de ces petites étoiles qui les a fait prendre pour simboles de la Famille Royale, pour signifier que le Roy d'Espagne & les trois Successeurs du Sceptre de Loüis le Grand, ne sont pas seulement la gloire de son Regne, mais qu'ils feront le bonheur de l'univers, si-tost que les Nations jalouses du nostre auront compris que leur union & leur attachement à suivre les grands exemples que le Roy leur donne, est le lien le plus sûr d'une paix universelle & durable.

Enfin, la quatriéme Devise qui est peinte sur le Piedestal du dernier Escabelon represente un Parelie de cinq Soleils, avec ces mots :

LUX OMNIS AB UNO.

Nous tirons nostre éclat de la même origine.

Pline remarque dans son Histoire naturelle, que les anciens virent souvent trois Soleils : & il ajoute au même endroit que l'on n'en avoit jamais vû plus de trois à la fois ; mais nostre siécle a esté plus heureux, car en l'année 1629 l'on a vû à Rome un Parelie de cinq Soleils : c'est ce Phœnomene que l'on a pris pour corps de la derniere Devise, dont l'application aux Princes de la Maison Royale est si facile qu'il est inutile de s'expliquer plus au long.

Le Terreplein, sur lequel est construit cet édifice est entouré d'une balustrade de Rocaille, qui sera couverte d'illuminations, aux quatre coins de laquelle sont posées quatre figures de douze pieds chacune, qui representent le Danube, la Tamise, le Pô, & la Meuse, qui portent des Torcheres, & qui paroissent éblouïs de la gloire de la SEINE & du TAGE, au TRIOMPHE desquels ils sont obligez malgré eux de contribuer.

Permis d'imprimer ce 17 Aoust 1704. *M. R. DE VOYER D'ARGENSON.*

De l'Imprimerie de la veuve de JACQUES GROU, rue de la Huchette, au Soleil-d'or

www.ingramcontent.com/pod-product-compliance
Ingram Content Group UK Ltd.
Pitfield, Milton Keynes, MK11 3LW, UK
UKHW020502220726
13923UKWH00006B/2707

9 782019 911553